Inhalt

IFRS - Tatsächlich mehr Transparenz und Konsistenz?

Kernthesen

Beitrag

Fallbeispiele

Weiterführende Literatur

Impressum

IFRS - Tatsächlich mehr Transparenz und Konsistenz?

A. Kaindl

Kernthesen

- Mit der verpflichtenden Anwendung der IAS/IFRS für börsennotierte Unternehmen wurde das Ziel verfolgt, die Jahresabschlüsse transparenter und konsistenter zu machen.
- Die Umstellung der Rechnungslegung brachte viele offene Fragen ans Licht.
- Trotz der neuen Bilanzierungsstandards erfüllt die externe Kommunikation der Unternehmen nicht die Erwartungen Außenstehender.
- Die zentrale Bewertungsgröße der

internationalen Rechnungslegungsvorschriften, der Fair Value, ist weniger fair als unterstellt.

Beitrag

Die als System der gläsernen Taschen angepriesenen internationalen Rechnungslegungsstandards IAS/IFRS können im Grundsatz die bilanzpolitischen Mängel der HGB-Rechnungslegung nicht ausschalten. IAS/IFRS führen zu einer Entobjektivierung der Bilanz. Dadurch wandelt sich die Bilanz von einem Instrument der Rechenschaftslegung zu einer investororientierten Informationsbilanz. (3)

Auftretende Probleme bei der Umstellung von HGB auf IAS/IFRS

Seit Anfang des Jahres 2005 sind die internationalen Rechnungslegungsstandards IAS/IFRS in Europa für mehr als 7 000 börsennotierte Unternehmen verbindlich. Die EU hatte, als vor drei Jahren die Verordnung über die Rechnungslegungsstandards verabschiedet wurde, eine klare Vision. Anders als in den USA, wo mit US-GAAP ein starres Regelwerk den

Unternehmen alle Geschmeidigkeit in der Abbildung ihrer Transaktionen nimmt, sollte in Europa ein auf Prinzipien basierender Ansatz mit qualitativ hochwertigen Standards die Vergleichbarkeit der Abschlüsse herstellen und die Integration des europäischen Kapitalmarkts vorantreiben. (1)

Die Umstellung der Rechnungslegung von HGB auf IAS/IFRS ist für die Unternehmen und Wirtschaftsprüfer mit erheblichen Erstanwendungsproblemen und offenen Fragen verbunden. Außerdem treten mit der praktischen Umsetzung auch erstmals die Schwächen der neuen internationalen Bilanzierungsregeln mit ihren zahlreichen Optionen ans Tageslicht.

Es stellt sich beispielsweise die Frage, ob Genussrechtskapital als Eigen- oder als Fremdkapital nach IAS/IFRS in der Bilanz eingeordnet werden muss. Oder was ist mit derivativen Finanzinstrumenten im Zusammenhang mit einer Unternehmensfusion? Macht die Verschmelzung eine bilanzielle Neueinschätzung erforderlich, wenn die vertragliche Grundlage für die Finanzinstrumente mit Dritten von einer der beteiligten Firmen vor der Fusion geschaffen wurde? Zwei Beispiele für viele offene Fragen, vor denen die Firmen und Prüfer bei der Erstellung bzw. Prüfung ihrer IAS/IFRS-Abschlüsse stehen. (1)

Ungenügende externe Kommunikation trotz IAS/IFRS

Viele Unternehmen haben sich noch nicht auf die Folgen der neuen internationalen Rechnungslegungsstandards für ihre externe Kommunikation eingestellt. Kritisch zu sehen ist die weiterhin sehr rückwärtsgewandte Sicht, mit der sich börsennotierte Unternehmen in ihren Geschäftsberichten darstellen. Zukunftsorientierte Aussagen, an denen sich die Firmen messen lassen und aus denen Außenstehende auf die künftige Entwicklung schließen können, kommen oft zu kurz. (2)

Eine gute Kapitalmarktkommunikation ist davon gekennzeichnet, dass Firmen ihre Ziele offensiv nach außen tragen, um sich positiv von ihren Wettbewerbern zu unterscheiden. Es reicht nicht aus, lediglich alle Bilanzierungs- und Offenlegungsvorschriften einzuhalten. Dennoch ist dies für die meisten Investor-Relations-Abteilungen zunächst das dominierende Ziel. Für erfahrene Analysten und Investoren beginnt transparente Publizität mit der Einschätzung der künftigen Markt- und Branchenentwicklung durch das Management,

Marktanteilsangaben und Wachstumserwartungen. (2)

Mit der Bilanzierung nach den neuen Bilanzierungsstandards gerät der Cashflow für die Performance-Beurteilung immer stärker in den Blickpunkt der Investoren, da die Vergleichbarkeit anderer Bewertungskriterien immer geringer wird. Verantwortlich dafür ist nach Feststellungen der Wirtschaftsprüfungsgesellschaft KPMG, dass die Unternehmen die vorhandenen Wahlrechte und Spielräume bei der Ermittlung der Fair Values ihrer Vermögenswerte nutzen, um so ihre Gewinne zu steigern oder zu senken. Deshalb haben die neuen internationalen Rechnungslegungsvorschriften die Konzernabschlüsse nicht einmal innerhalb eines Landes vergleichbarer gemacht, geschweige denn international. Was nutzt einem Anleger beispielsweise der Umsatz pro Kunde einer Telekomgesellschaft, wenn dieser am Ende keinen Gewinn oder Cashflow abwirft. Die Investoren wollen wissen, welchen Cashflow und welches Ausschüttungspotenzial ein Unternehmen dauerhaft generieren kann und ob das Unternehmen in der Lage ist, eine Dividende zu zahlen. (2)

Der faire Fair Value

Die internationalen Rechnungslegungsvorschriften IAS/IFRS werden maßgeblich durch einen Begriff geprägt - den Fair Value. Unter Fair Value wird der Betrag verstanden, zu dem zwischen sachverständigen, vertragswilligen und voneinander unabhängigen Geschäftspartnern ein Vermögenswert getauscht oder eine Schuld beglichen werden könnte. Die Bewertung zum Fair Value zielt darauf ab, dass der in der Bilanz ausgewiesene Buchwert einem am jeweiligen Bilanzstichtag geltenden Marktwert entspricht, der zu diesem Zeitpunkt auf einem unabhängigen Markt erzielbar wäre. (3)

Die Rechnungslegung nach HGB ist wegen ihrer stark vergangenheitsbezogenen Wertansätze und den durch das Gesetz erlaubten Wahlrechten oft kritisiert und als nicht investorenfreundlich bezeichnet worden. Deshalb wurden die IAS/IFRS, hinter denen die Idee einer Bewertung zu Zeitwerten steht, als positiv gewertet, weil dadurch entscheidungsrelevantere und zeitnahere Unternehmensinformationen vermittelt werden können. (3)

Der Wechsel von HGB auf IAS/IFRS ist mit der Erwartung verbunden, eine offenere und transparentere Verständigung zwischen Unternehmen und Investoren zu ermöglichen. Diese Erwartung wird bei näherem Hinsehen nicht erfüllt:

Die IAS/IFRS definieren zwar den Fair Value, aber seine Bestimmung gestaltet sich in der Praxis schwierig, weil für die Mehrheit der Vermögenswerte kein verlässlicher Zeitwert existiert. Es obliegt dann dem Bilanzierenden zu entscheiden, auf welcher Grundlage der Fair Value zu bestimmen ist. Daraus folgt, dass kein eindeutig feststellbarer Fair Value existiert und somit die ausgewiesenen Zeitwerte für einen Außenstehenden nicht objektiv nachprüfbar sind. Vielmehr finden subjektive Einschätzungen und Erwartungen Eingang in die Rechnungslegung. Die Vielfalt der Alternativen zur Bestimmung des Fair Value zeigt deutlich das bilanzpolitische Potenzial, dass den internationalen Standards innewohnt. (3)

Fallbeispiele

Eine aktuelle Studie der Wirtschaftsprüfungsgesellschaft PricewaterhouseCoopers und des Hamburger Kommunikationsberaters Kirchhoff Consult bei Führungskräften aller in den deutschen Börsenindizes vertretenen Firmen ergab, dass auch nach der Umstellung auf IAS/IFRS nur die Hälfte der

Dax-Unternehmen in ihren Geschäftsberichten mehr oder weniger ausführlich Auskunft über die qualitativen und quantitativen Steuerungskonzepte zur Steigerung des Unternehmenswertes geben. Die Studie bescheinigt den Unternehmen eine mangelhafte Transparenz: Nur elf Prozent der Firmen geben in ihren Geschäftsberichten einen Ausblick mit informativen qualitativen Beschreibungen und umfangreichen quantitativen Prognosen auf ihre künftige Geschäftsentwicklung. Nur jedes zweite Unternehmen macht quantitative Aussagen zu erwarteten Umsatz- und Ergebniszahlen. Die Unterschiede im Hinblick auf den Umfang und die Qualität des Ausblicks sind enorm. (2)

Die Analysten der Rating-Agentur Standard & Poors schätzen, dass bislang nur die Hälfte der von ihr bewerteten europäischen Unternehmen die Investoren über die Folgen der IFRS-Umstellung informiert hat. Lediglich ein Viertel habe mehr als das vorgeschriebene reine Datenmaterial veröffentlicht sowie die Bilanzierungsänderungen und ihre Folgen ausführlicher beschrieben. (2)

Die börsennotierten europäischen Unternehmen stellen in Frage, ob die IAS/IFRS tatsächlich die Vergleichbarkeit und Transparenz verbessern werden. Dies ist das Ergebnis einer Umfrage der französischen Wirtschaftsprüfungsgesellschaft Mazars unter 556 gelisteten Firmen in zwölf Ländern. Nur 63 Prozent glauben, dass die IAS/IFRS die Vergleichbarkeit verbessern werden. Sogar nur 47 Prozent gehen davon aus, dass die Abschlüsse transparenter werden. Die Deutschen sind optimistischer: 70 Prozent glauben an eine bessere Vergleichbarkeit, 55 Prozent an mehr Transparenz. (4), (5)

Die Wirtschaftsprüfungsgesellschaft Ernst & Young ist der Ansicht, dass die Einführung von IAS/IFRS die Aussagekraft von Bilanzen nicht positiv beeinflusst. Zur Begründung wird auf die mit dem Fair Value ausgewiesenen Vermögenswerte und Schulden verwiesen, für die kein Marktpreis existiert. Dazu gehören beispielsweise Aktienoptionen für Mitarbeiter, Pensionsverpflichtungen und immaterielle Vermögenswerte wie Markenrechte und Lizenzen. Der Fair Value dieser Dinge wird häufig mittels hypothetischer Annahmen ermittelt, mit deren Hilfe die Geschäftsführung einen Markt zu simulieren versucht. Ernst & Young ging mit der Forderung auf das IASB zu, darüber nachzudenken, ob das Fair-Value-Modell nur auf Vermögenswerte und Schulden angewendet werden sollte, die über reale, genau zu bestimmende Marktwerte verfügen. Das Vorstandsmitglied Gerd Willi Stürz rechnet vor, dass je nach Grundannahme für ein und dasselbe Unternehmen der Aufwand aus Aktienoptionsprogrammen zwischen 40 und 155

Prozent des Jahresüberschusses variieren kann.¬
Wobei sich alle Werte IAS/IFRS-konform begründen lassen. Es ist die Frage zu stellen, ob da noch von verlässlichen Werten gesprochen werden kann. (6)

Der Wechsel von nationalen Vorschriften zu IAS/IFRS beeinflusst die Bilanz sowie die Gewinn- und Verlustrechnung. Der Kreis der Konsolidierung wird beispielsweise erweitert, was oft das Fremdkapital erhöht und damit das Rating tangiert. Laut Aussage der Ratingagentur Fitch hatte die Umstellung auf IAS/IFRS bisher keinen Einfluss auf die Bonität der Unternehmen. Fitch habe noch keine einzige Bonitätsnote verändert, obwohl z.B. die Schulden von Fiat von EUR 13,3 auf 25,4 Milliarden gestiegen seien. Die Informationen, die die Unternehmen mit IAS/IFRS zusätzlich veröffentlichen müssen, bringen gemäss Fitch eine verbesserte Transparenz. (7)

Trotz kräftig wachsender Unternehmensgewinne in der Versicherungsbranche sind die Aktien der Versicherer in Europa unbeliebt. Während der breite Markt in diesem Jahr fast 12 Prozent gewonnen hat, kommt der Branchenindex nur auf ein Plus von 7 Prozent. Noch schwächer schneiden die beiden deutschen Branchengrößen Allianz und Münchener Rück ab. Carsten Zielke, Analyst bei der WestLB, sieht den Hauptgrund dafür in den neuen internationalen Rechnungslegungsstandards. Diese sollten mehr Transparenz bringen, statt dessen sind die Ergebniszahlen der Versicherer noch schwieriger zu vergleichen als vor der Umstellung von HGB auf IAS/IFRS. Die Gesellschaften verfügen über weitreichende Wahlmöglichkeiten. Zum Beispiel können sie ihre Immobilien zu Markt- oder zu Buchwerten bilanzieren. Die Folge der mangelnden Vergleichbarkeit sei, dass Versicherer mit einem Risikoabschlag gehandelt werden. Allianz und Münchener Rück seien besonders betroffen, weil sie früher und radikaler auf die neue Rechnungslegung umgestellt hätten. (8)

Weiterführende Literatur

(1) IFRS - die Konsistenz in der Anwendung entscheidet
aus Börsen-Zeitung, 21.09.2005, Nummer 182, Seite 8

(2) Besserer Ausblick Auch nach der Umstellung auf IFRS zögern Unternehmen, Informationen über die künftige Geschäftsentwicklung zu geben. Wie eine gute Kommunikation nach außen aussieht
aus Financial Times Deutschland vom 02.09.2005, Seite 3

(3) Fair value - ein Garant für Fair play
aus Frankfurter Allgemeine Zeitung, 22.08.2005, Nr. 194, S. 20

(4) IFRS wird skeptisch gesehen
aus FINANCE - Der Markt für Unternehmen und Finanzen Heft 09 vom 27.08.2005 Seite 070

(5) Mehr Transparenz BUCHFÜHRUNG UND BILANZ
aus Impulse vom 01.08.2005, Seite 10

(6) Wie fair ist der Fair Value?
aus FINANCE - Der Markt für Unternehmen und Finanzen Heft 09 vom 27.08.2005 Seite 070

(7) Beguelin, Philippe, Gleiches Rating trotz doppelter Schulden, Finanz und Wirtschaft vom 09.07.2005, S. 6
aus FINANCE - Der Markt für Unternehmen und Finanzen Heft 09 vom 27.08.2005 Seite 070

(8) Versicherer im Abseits
aus Frankfurter Allgemeine Zeitung, 14.07.2005, Nr. 161, S. 17

Impressum

IFRS - Tatsächlich mehr Transparenz und Konsistenz?

Bibliografische Information der deutschen Nationalbibliothek

Die Deutsche Nationalbibliothek verzeichnet diese Publikation in der deutschen Nationalbibliografie; detaillierte bibliografische Daten sind im Internet über http://dnb.d-nb.de abrufbar.

ISBN: 978-3-7379-1332-4

© 2015 GBI-Genios Deutsche Wirtschaftsdatenbank GmbH, Freischützstraße 96, 81927 München, www.genios.de

Alle Rechte vorbehalten. Dieses Werk ist einschließlich aller seiner Teile – z.B. Texte, Tabellen und Grafiken - urheberrechtlich geschützt. Jede Verwertung außerhalb der Grenzen des Urheberrechtsgesetzes bedarf der vorherigen Zustimmung des Verlags. Dies gilt insbesondere auch für auszugsweise Nachdrucke, fotomechanische Vervielfältigungen (Fotokopie/Mikroskopie), Übersetzungen, Auswertungen durch Datenbanken oder ähnliche Einrichtungen und die Einspeicherung und Verarbeitung in elektronischen Systemen.